Bibliografische Information der Deutschen Nationalbibliothek:

Die Deutsche Bibliothek verzeichnet diese Publikation in der Deutschen National-
bibliografie; detaillierte bibliografische Daten sind im Internet über http://dnb.d-
nb.de/ abrufbar.

Impressum:

Copyright © 2011 GRIN Verlag
Druck und Bindung: Books on Demand GmbH, Norderstedt Germany
ISBN: 9783656751052

Dieses Buch bei GRIN:

https://www.grin.com/document/211251

Stefan Dellbacher

Der Krieg um Kreta zwischen der Republik Venedig und dem osmanischen Reich. Auswirkungen auf die Republik

GRIN Verlag

Der Krieg um Kreta zwischen der Republik Venedig und dem osmanischen Reich und die Auswirkungen dieses Krieges für die Republik

Inhaltsverzeichnis

1. Vorwort

Die Serenissima Repubblica di San Marco (deutsch: Durchlauchtigste Republik des heiligen Markus), oder einfach nur kurz, Republik Venedig, war fast ein Jahrtausend lang eine mächtige See- und Handelsrepublik. Sie sicherte sich im gesamten östlichen Mittelmeer Gebiete und Inseln - genannt *Stato de Mar* - und baute sich ein mächtiges Handelsimperium auf, welches riesige Reichtümer abwarf. Unter anderem schlugen sie über ihre Handelsniederlassungen in der Levante viele Luxusgüter aus dem Orient um. Dies führte dazu, dass Venedig zu einer der reichsten und größten Städte Europas wurde. Durch ihre Lage in einer Lagune, mehrere Kilometer vom Festland entfernt und durch ihre große Flotte geschützt, konnte Venedig relativ ungefährdet immer weiter expandieren. Mit Söldnerheeren, die sie dank ihres großen Wohlstandes finanzieren konnten, eroberten sie sich die *Terraferma*, ein großes, sehr fruchtbares Gebiet auf dem norditalienischen Festland. Ich war schon immer davon beeindruckt, wie es eine kleine Stadt in einer Lagune schaffen konnte, ein so mächtiges Reich zu erschaffen. Die Republik Venedig hatte eine relativ tolerante, aufgeschlossene und moderne Regierung, Kunst und Architektur florierten und konnte lange Zeit übermächtigen Gegnern Paroli bieten. Die Dogen faszinieren mich ebenfalls, 1204 gelang es zum Beispiel Enrico Dandolo einen Kreuzzug gegen einen christlichen Staat zu lenken, um die Interessen Venedigs zu vertreten.

Doch im sechzehnten Jahrhundert sank Venedigs Stern. Zum einen aufgrund der Entdeckung neuer Seehandelswege, wodurch der Landhandel mit dem Orient an Bedeutung verlor; und zum anderen durch die Auseinandersetzungen mit dem Osmanischen Reich. Über einen Zeitraum von fast dreihundert Jahren führten Venezianer und Ottomanen immer wieder Krieg gegeneinander und in diesen insgesamt acht Kriegen verlor Venedig immer mehr Gebiet. Venedig befand sich in einer Zwickmühle, auf der einen Seite wollten sie natürlich ihre Gebiete verteidigen, auf der anderen Seite waren sie auf den Handel im Osmanischen Reich angewiesen.

Die längste Auseinandersetzung zwischen diesen beiden so unterschiedlichen Staaten war der Krieg um Kreta. Er begann 1645 und endete erst mit der Eroberung Candias, der damaligen Hauptstadt Kretas. Die Belagerung dieser Stadt begann 1648 und endete erst am 4. September 1669, die Belagerung dauerte somit über 21 Jahre und war damit die längste Belagerung der Menschheitsgeschichte.

Doch wie konnte es die kleine Republik schaffen, eine kleine Festung solange gegen den Ansturm des übermächtigen Reiches zu verteidigen? Und welche Auswirkungen hatte der Verlust ihrer letzten großen Überseebesitzung letztendlich für die Serenissima?

Zuerst werde ich anhand einiger Aufzeichnungen von Soldaten und Baumeistern, die direkt an der Belagerung teilgenommen haben, den Ablauf des Krieges erläutern, und dann versuche anhand von weiteren Quellen und aktueller Literatur herauszufinden, welche Auswirkungen die als glorreich betitelte, aber letztlich verlorene Verteidigung auf das Wirken Venedigs und auch auf die europäische Rezeption Venedigs und der Verteidigung hatte.

2. Quellenkritik

Die Quellenlage für den Krieg um Kreta ist relativ gut, es gibt viele Quellen, die meisten allerdings lagern in den türkischen und venezianischen beziehungsweise ehemaligen venezianischen Staatsarchiven. Doch aufgrund der Länge des Krieges, der Teilnahme vieler deutschen Söldner und auch Baumeister und der Bedeutung, die die so lange Belagerung einer einzigen Festung für den weiteren Festungsbau hat, gibt es viele in Deutsch verfasste Berichte und Tagebücher zur Belagerung.

In Georg Rimplers Werk: „Ein dreyfacher Tractat von den Festungen"[1] von 1673, befindet sich im Anhang ein 80-seitiges Diarium des braunschweig-lüneburgischen Regiments mit dem Titel: „Das lang bestrittene Königreich Candia", welches an der Belagerung Candias auf venezianischer Seite teilgenommen hat. Rimpler selbst war diesem Regiment als Hauptmann

---

[1] Georg Rimpler: Ein dreyfacher Tractat von den Festungen, Dresden/Leipzig ²1724.

zugeordnet und lernte bei der Belagerung viel über den Minenkrieg und Befestigungen. Später wurde er zu einem relativ bekannten Baumeister, unter anderem verbesserte er die Verteidigung Wiens bei der zweiten Belagerung durch die Türken. Hierbei handelt es sich um das Tagebuch des Regiments, der Verfasser ist unbekannt. Das Regiment trifft erst im letzten Jahre der Belagerung ein. Es wird sehr genau die Verpflegung und Versorgung, der Ablauf der Belagerung und die einzelnen Ausfälle des Regiments beschrieben. Es handelt sich zwar größtenteils um eine nüchterne Beschreibung der Geschehnisse, jedoch werden die Gründe der Ottomanen für den Krieg in Frage gestellt, und die Ritter des Johanniterordens über alle Maße hinaus gelobpreist.

Im dritten Kapitel des Buches: „Novissima Praxis Militaris"[2] von 1672 - in dem es um Festungsbau und Belagerungskunst geht – wird die Belagerung Candias beschrieben. Insbesondere geht es hier um Taktiken der Belagerer, Verteidiger und den Vergleich mit anderen Festungen, hier mit Ostende. Dem Autor Johann Bernhard Scheither geht es primär nicht um eine Beschreibung der Schlacht an sich, sondern versucht Lehren für den Festungsbau zu ziehen, Der Autor war ein Pionier aus Braunschweig und nahm auf Seiten des bereits erwähnten Regiments an der Verteidigung Candias teil.

Die dritte und letzte behandelte Quelle trägt den Namen: „ Das hefftig-bekriegte/ Noch unbesiegte / doch Hülff-benöthigte Candia"[3] wurde von Paul Conrad Balthasar Han geschrieben und zu Anfang des Jahres 1669 in Nürnberg veröffentlicht. Han war nicht selber an der Belagerung beteiligt und war auch nie auf Kreta. Wie schon der Titel vermuten lässt, ist er eindeutig auf Seiten der Venezianer, stellt die Türken als feige und die Christen als tapfer und mutig dar. Die Verluste sind auf türkischer Seite teilweise stark übertrieben. Deshalb ist diese Quelle mit Vorsicht zu bearbeiten.

---

[2] Scheither, Johann Bernhard: Novissima Praxis Militaris, Braunschweig 1672.
[3] Han, Paul Conrad Balthasar: Das hefftig-bekriegte/ Noch unbesiegte / doch Hülff-benöthigte Candia, Nürnberg 1669.

3. Die Beteiligten

3.1 Die Republik Venedig

Etwa seit dem Beginn des achten Jahrhunderts begann der Aufstieg der Republik Venedig. Als wichtiger Umschlagsplatz zwischen dem Byzantinischen und dem Heiligen Römischen Reich, durch beginnende Monopolisierung bestimmter, lukrativer Güter, wie zum Beispiel Salz und geschickte Diplomatie konnte Venedig immer weiter expandieren. Nachdem ihr direkter Konkurrent, Genua besiegt wurde, und man die Terraferma erobert hatte, befand sich die Republik auf dem Höhepunkt ihrer Macht. Doch von dann an wurde die Macht Venedigs immer weiter beschnitten, und auch trotz einzelner Erfolge konnte Venedig sich nie gegen die Osmanen durchsetzen, mit denen man sich seit 1423 wiederholte Male im Krieg befand. Zu den venezianischen Besitzungen zählten unter anderem Korfu, Kreta, Zypern, Dalmatien, Euböa und wechselnde Besitzungen auf der Peloponnes. Venedig war eine Republik, es gab einen großen Rat, um den Dogen, das Staatsoberhaupt Venedigs, zu überwachen. Dieser große Rat wurde durch den Rat der Zehn ersetzt, und das Amt des Dogen wurde immer weiter von einigen der obersten Adelsfamilien Venedigs monopolisiert, so dass man eher von einer Aristokratie sprechen konnte. Ab den 30er-Jahren des 14. Jahr gab es auch noch den sogenannten Senat, der mehr und mehr zum Verwaltungsorgan der Republik Venedig wurde.[4]

Bis 1204 war Kreta Teil des Byzantinischen Reiches. Im Verlauf des vierten Kreuzzuges gegen das Byzantinische Reich erhielt Bonifatius I. von Montferrat die Insel Kreta zugesprochen, konnte seine Herrschaft dort aber nicht durchsetzen verkaufte die Insel an Venedig. Venedig

---

[4] Vgl. Ortalli, Gherardo: Venedig. Stadtgeschichte, Artikel in: Lexikon des Mittelalters, Band 8, hg. von Angermann, Norbert/u.a, München 1997, Sp. 1459 -1466.

musste in den ersten 150 Jahren viele Revolten niederschlagen, ab 1360 war Kreta aber komplett befriedet.[5]

3.2 Das osmanische Reich

Über die Anfänge des osmanischen Reiches weiß man nur wenig, denn zu Beginn war es nur ein Beylik unter vielen. Außerdem wurde ein Großteil der wenigen Aufzeichnungen von den Timuriden bei der Plünderung Bursas vernichtet. Sicher ist nur, dass der Stammvater –Osman I. – einen ursprünglich nomadischen Stamm anführte, der sich von den Rum-Seldschuken unabhängig erklärte und wiederholte Kriegszüge gegen die Byzantiner unternahm. In den folgenden Jahrzehnten konnten die Osmanen trotz einiger Rückschläge ihr Territorium um ein vielfaches vergrößern. 1423 kam es zur ersten militärischen Auseinandersetzung mit den Venezianern. Nachdem es dann 1453 zur Zäsur kam, und die Türken Konstantinopel einnahmen, begannen sie kurz darauf, die restlichen Gebiete Griechenlands, des Balkans und die Inseln in der Ägäis zu erobern. Dabei kam es wiederholte Male zu Konflikten mit der Serenissima. Das osmanische Reich wurde von einem absoluten Monarchen beherrscht, dem Sultan.[6] Um das Jahr 1640 herum war die Expansion des Osmanischen Reiches langsam ins Stocken gekommen. Viele Sultane ließen sich von Beratern oder sogar von ihren Haremsdamen beeinflussen; teilweise interessierten sie sich auch einfach nicht für das Regieren. So kam es zu dem Krieg um Kreta auch nicht aus geostrategischen Gründen, sondern aufgrund einer Frau.

---

[5] Vgl. Koder, Johannes: Kreta, Artikel in: Lexikon des Mittelalters, Band 5, hg. von Bautier, Robert-Henri/u.a, München/Zürich 1991, Sp. 1487 – 1488.

[6] Vgl. Tietze, Andreas: Osmanen. Osmanisches Reich, Artikel in: Lexikon des Mittelalters, Band 6, hg. von Angermann, Norbert/u.a, München 1993, Sp. 1496 – 1507.

4. Der Krieg

4.1 Casus Belli und Vorbereitungen

Der Kriegsgrund der Ottomanen war die Entführung der Lieblingsfrau des Sultans. Wie es seit langer Zeit im Mittelmeer für beide Seiten üblich war, begab man sich auf Raubfahrten, plünderte Ländereien der Gegenseite und entführte Frauen und Kinder. Am 28. September 1644 griffen einige Galeeren der Malteser-Ritter einen türkischen Konvoi an, der Moslems von ihrer Pilgerfahrt nach Mekka zurückbrachte. Die Ritter eroberten die Schiffe, machten reiche Beute und nahmen Frauen und Kinder mit. Was nun als nächstes passiert ist, ist nicht ganz sicher. Die Osmanen behaupteten, dass die Ritter auf Kreta landeten, die Frauen und Kinder verkauften und zwei Wochen dort blieben. Die Venezianer hingegen behaupteten, dass die Ritter nachts an einem unbewachten Strandabschnitt landeten, und bereits am nächsten Tag wieder abgelegt hatten. Der Sultan akzeptierte nach außen hin die Entschuldigung der venezianischen Gesandten und gab vor eine Flotte für den Angriff auf Malta zu rüsten, jedoch waren die Venezianer gut informiert und wussten, dass Kreta angegriffen werden sollte.[7] So schickte Venedig Truppen, Schiffe und Proviant nach Kreta. In ganz Europa wurden Söldner angeheuert, denn nachdem die Kampfhandlungen im dreißigjährigen Krieg immer mehr einschliefen und der Krieg bald ganz beendet war, gab es genügend nun arbeitslose Veteranen anzuheuern.

---

[7] Vgl. Verfasser unbekannt: Das lang bestrittene Königreich Candia, in: Ein dreyfacher Tractat von den Festungen, hg. Georg Rimpler, Dresden/Leipzig 1724, S. 1 - 5.

4.2 Die Eroberung der Insel durch die Türken

So begann der Krieg um Kreta mit der Eroberung der vor Canea[8] gelegenen Festungsinsel San Todero. Einen Tag später, am 26. Juni 1645 begannen die Türken mit der Belagerung von Canea zu Land und See. Zwar konnten die Verteidiger den Türken hohe Verluste zufügen, doch schon nach 4 Wochen fiel die Festung.[9] Im nächsten Jahr zogen die osmanischen Truppen weiter in den Osten der Insel und begannen Rethymo zu belagern. Die Belagerer konnten kaum Fortschritte erzielen, bis Freiwillige aus Frankreich und Flandern bei einem Ausfall in Panik gerieten, der dazu führte, dass die Ottomanen schlussendlich in die Stadt eindringen konnten. Die Hauptstadt Candia wurde zuerst ignoriert und der Rest der Insel erobert. Bis 1648 waren diese Eroberungen abgeschlossen, nur noch Candia war in venezianischer Hand. Daraufhin begannen die Mineure und Pioniere des Janitscharenkorps Laufgräben und Artilleriestellungen für die Belagerung anzulegen. Am 1. Mai 1648 begann die längste Belagerung der Menschheitsgeschichte.[10]

4.3 Seeschlachten und Blockade der Dardanellen

Anders als zu Land konnten die Venezianer auf dem Meer viele Erfolge erringen. Zwar konnte der Nachschub für die türkischen Truppen auf der Insel nie komplett unterbrochen werden, doch die Republik konnte einige große Schlachten gewinnen. Schon im Jahr 1645 versuchte die venezianische Flotte – unterstützt von Galeeren des Kirchenstaates, der Malteser-Ritter und des Großherzogtums Toskana – gegen die Osmanen vorzugehen, doch aufgrund der späten Jahreszeit, des schlechten Wetters und der Uneinigkeit der Kommandeure, begab sich die Flotte zurück in ihre WInterquartiere.[11] [12] Im Jahr darauf lieferten sich die christliche und die türkische Flotte einige Gefechte, ohne dass eine der beiden Seiten einen entscheidenden Vorteil erringen konnte. Im Verlauf des Krieges kam es insgesamt zu 4 Schlachten an den

---

[8] heute: Chania, Stadt im Westen der Insel.

[9] Setton, Kenneth Meyer: Venice, Austria, and the Turks in the seventeenth century (Memoirs of the American Philosophical Society 192), Philadelphia 1991, S. 126 - 127.

[10] Brown, Horatio: The venetian Republic, London 1902, S. 172 -174.

[11] Verfasser unbekannt: Das lang bestrittene Königreich Candia, in: Ein dreyfacher Tractat von den Festungen, hg. Georg Rimpler, Dresden/Leipzig 1724, S.7.

[12] Brown, Horatio: The venetian Republic, London 1902, S. 173.

Dardanellen. Die Venezianer versuchten diese Meerenge zu blockieren, doch den Ottomanen gelang es wiederholte Male unter hohen eigenen Verlusten durchzubrechen. Bis 1657 gelang es der Republik viele der Versorgungskonvois auszuschalten oder ihnen zumindest hohe Verluste zuzufügen.[13] Doch von 1657 an verlegten sich die Ottomanen auf eine andere Taktik und wichen Konfrontationen wenn möglich aus. So gelang es ihnen regelmäßig Verpflegung und Verstärkung nach Kreta zu bringen. Von 1662 an befand sich das osmanische Reich auch noch im Krieg gegen Österreich und verlegte fast alle Truppen an diese Fronten. Doch aufgrund der Uneinigkeit zwischen den Kommandeuren der einzelnen Flottenabteilungen konnten die Venezianer dem Krieg keine entscheidende Wendung geben.[14] Auch nachdem die Türken mit den Österreichern Frieden geschlossen hatten, kam es kaum noch zu großen Auseinandersetzungen auf der See, die türkischen Konvois wichen den christlichen Flotten, mittlerweile auch von Frankreich verstärkt, größtenteils aus, während es den Christen aber auch nicht gelang, die Ottomanen aus ihren starken Stellung vor Candia zu vertreiben.[15]

4.4 Belagerung Candias

Die Festung Candia war eine der stärksten Festungen der Christenheit. Mit ihren vielen vorgeschobenen Außenwerken und Ravelinen war jeder Sturmangriff von vorneherein zum Scheitern verurteilt, solange nur genügend Verteidiger die Mauern bemannten.[16] In diesem Wissen begannen die Ottomanen mit der Belagerung der Stadt. Sie schnitten die Versorgungslinien auf dem Festland ab, legten Artilleriestellungen und Laufgräben an und versuchten auch die Versorgung übers Meer abzuschneiden. Das sollte ihnen aber nie

---

[13] Setton, Kenneth Meyer: Venice, Austria, and the Turks in the seventeenth century (Memoirs of the American Philosophical Society 192), Philadelphia 1991, S. 173 - 205.

[14] Kretschmayr, Heinrich: Geschichte von Venedig, Band III, Stuttgart 1934, S. 332 – 335.

[15] Verfasser unbekannt: Das lang bestrittene Königreich Candia, in: Ein dreyfacher Tractat von den Festungen, hg. Georg Rimpler, Dresden/Leipzig 1724, S.66; 69 - 70.

[16] Scheither, Johann Bernhard: Novissima Praxis Militaris, Braunschweig 1672, S. 23 - 47.

gelingen. Sie begannen mit der Bombardierung der Verteidigungswerke, allerdings erreichten sie fast 16 Jahre lang nichts.[17]

Beide Seiten schickten immer wieder neue Truppen, Verpflegungen und Flotten in den Kampf, sodass auf türkischer Seiter etwa 400.000 Mann direkt oder indirekt an der Belagerung beteiligt waren, während hingegen auf christlicher Seite wohl nur etwas über 120.000 Mann kämpften. Die Verluste waren auf beiden Seiten hoch. Die Verluste sind nicht genau zu beziffern, nach Han verloren die Türken 400.000 Mann und die Christen über 100.000.[18] Diese Zahlen sind wohl zu hoch angesetzt. Setton lässt Sagredo, einen venezianischen Diplomaten, von 130.000 türkischen und etwa 100.000 christlichen Verlusten berichten.[19] Am wahrscheinlichsten sind wohl die Verluste, die bei Miller angeben sind, wonach die Christen etwa 30.000 und die Türken etwas weniger als 120.000 Mann verloren haben.[20]

Ab 1666 intensivierte sich die Belagerung, der türkische Befehlshaber der Belagerung wurde vom damaligen Großwesir, Ahmed Köprülu, abgelöst. Da gleichzeitig Frieden mit den Österreichern geschlossen wurde, konnte man nun alle Kräfte gegen Candia richten.[21] Der Artilleriebeschuss wurde intensiviert und zeigte endlich Wirkung: erste Breschen wurden geschlagen.

---

[17] Finlay, George: The history of Greece under Othoman and Venetian Domination, London 1856, S. 128 - 131.

[18] Han, Paul Conrad Balthasar: Das hefftig-bekriegte/ Noch unbesiegte / doch Hülff-benöthigte Candia, Nürnberg 1669, S. 361.

[19] Setton, Kenneth Meyer: Venice, Austria, and the Turks in the seventeenth century (Memoirs of the American Philosophical Society 192), Philadelphia 1991, S. 241.

[20] Miller, William: Essays on the Latin Orient, Cambridge 1921, S. 196.

[21] Kinross, John Patrick Douglas Balfour: The Ottoman Centuries. The Rise and Fall of the Turkish Empire, New York 1979, S 336 -337.

4.4.1 Unterstützung durch Freiwillige und andere Staaten

Die Ottomanen griffen auf Truppenkontingente und Schiffe aus allen ihren Herrschaftsbereichen zurück, nach den wiederholten Niederlagen zur See, mussten die Piraten der Barbaresken-Staaten Schiffe stellen.[22][23]

Die Republik konnte selber keine so großen Truppenkontingente aufstellen. Daher heuerte sie Söldner an und bat andere Staaten um Unterstützung. Doch zu Beginn des Krieges wurde sie nur von einigen kleinen Flottenkontingenten der Toskaner, des Papstes, der Malteser-Ritter und Spanier unterstützt. Insbesondere aus Frankreich und Flandern meldeten sich Freiwillige, machen kamen von so weit her wie Schweden. Doch diese Freiwilligen waren weder ausgerüstet noch ausgebildet. So sorgten sie für den Verlust der Festung Rethymo, als sie bei einem Ausfall in Panik gerieten.[24] Aus Frankreich kamen Adelige mit ihren eigenen Truppen, um Ruhm und Ehre im Gefecht gegen die „Ungläubigen" zu erlangen, unter ihnen Almerigo d'Este und der Herzog von Beaufort, Francois de Beaufort. Doch diese bestanden auf Ausfälle, und wollte nur französische Truppen dabeihaben. Diese Ausfälle waren zwar teilweise erfolgreich und konnten den Türken einige Verluste zufügen, doch auch auf Seite der Franzosen gab es viele Verluste. Das führte dazu, dass viele der Adeligen unverrichteter Dinge wieder nach Frankreich segelten.[25][26] Nach dem Friedensschluss zwischen Spanien und Frankreich im Pyrenäenfrieden begann Frankreich und auch Savoyen offiziell Truppen und Schiffe zu schicken, obwohl Franzosen und Türken in den letzten 150 Jahren meist verbündet waren, um ein Gegengewicht zu den Habsburgern zu stellen. Doch auch diese Truppen sollten letztendlich nicht ausreichen, alle Ausfälle wurden zurückgeschlagen. Als die französische Flotte die türkischen Stellungen bombardierte, ereignete sich ein Missgeschick, wodurch eins der großen französischen Schiffe explodierte. Nachdem bereits über die Hälfte

---

[22] Setton, Kenneth Meyer: Venice, Austria, and the Turks in the seventeenth century (Memoirs of the American Philosophical Society 192), Philadelphia 1991, S. 170; 177 - 178.
[23] Shaw, Stanford: Empire of the Gazis. The Rise and Decline of the Ottoman Empire. 1280 – 1808, Cambridge 1978, S. 210.

[24] Brown, Horatio: The venetian Republic, London 1902, S. 172 - 174.
[25] Brown, Horatio: The venetian Republic, London 1902, S. 175 - 176.
[26] Setton, Kenneth Meyer: Venice, Austria, and the Turks in the seventeenth century (Memoirs of the American Philosophical Society 192), Philadelphia 1991, S. 190.

der 5200 französischen Soldaten als getötet, vermisst oder verletzt geführt wurden, setzte die französische Flotte Segel Richtung Marseille.[27]

4.4.2 Minenkrieg

Ein Großteil der Belagerung wurde gleichzeitig unter der Erde ausgetragen. Da die Türken über der Erde kaum Fortschritte bei der Belagerung machen konnten, begannen ihre Mineure Tunnel unter die Befestigungen zu graben. Wenn sie die Erde unter den Mauern ausgehöhlt hatten, wurde dort Sprengstoff deponiert. Bei der folgenden Explosion wurden die Befestigungen über der Explosion zerstört und fielen in sich zusammen. So sah es zumindest in der Theorie aus. Doch beide Seiten setzten viele erfahrene Mineure und große Mengen an Soldaten und Sklaven unter der Erde ein. Die Venezianer versuchten die Türken um jeden Preis an der Minenlegung zu hindern. So kam es zu Nahkämpfen unter der Erde, vielen Erstickten, Zerquetschten und Erschossenen. Beide Seiten kämpften mit äußerster Entschlossenheit und benutzten Handgranaten, Musketen, Schaufeln und Spitzhacken als Waffen. Viele der Minenschächte wurden geflutet oder von Gegenminen gesprengt. [28]

Letztendlich führte eine Kombination von Artilleriebeschuss, Explosion von Minen und unablässigen Sturmangriffen zum Sieg der Osmanen. Die Verstärkung die der Kommandeur der Festung erhielt, war nicht ausreichend, um die Verluste auszugleichen und es war nur noch eine Frage von Tagen bis die Festung fallen würde. So ließ Francesco Morosini die weiße Flagge hissen. Die Ottomanen gewährten freien Abzug und jedem Bewohner der Insel stand es frei, sie zu verlassen. Morosini, der die Festung über 21 Jahre lang gehalten hatte, sollte angeklagt werden, weil er sich eigenmächtig ergeben hatte. Die Verhandlungen zogen sich lange Zeit hin, bis er im Sommer 1671 endlich unschuldig erklärt wurde.[29]

---

[27] Setton, Kenneth Meyer: Venice, Austria, and the Turks in the seventeenth century (Memoirs of the American Philosophical Society 192), Philadelphia 1991, S. 223 - 227.
[28] Scheither, Johann Bernhard: Novissima Praxis Militaris, Braunschweig 1672, S. 69 -74.
[29] Setton, Kenneth Meyer: Venice, Austria, and the Turks in the seventeenth century (Memoirs of the American Philosophical Society 192), Philadelphia 1991, S. 227 - 243.

5. Auswirkungen für die Republik

Venedigs wichtigste Einkommensquelle war der Handel. Zwar verdiente nicht der Staat selber am Handel, sondern die Bewohner der Stadt, doch verdiente man viel an den Zöllen, und da man ebenfalls auf andere Steuern verzichtete, waren die Händler generell bereit, im Form von freiwilligen Anleihen für den Krieg aufzukommen. Später musste der Staat teilweise dazu übergehen, die Bürger der Stadt zu zwingen, dem Staat Anleihen zu geben. Außerdem verdiente Venedig an den Abgaben, die die Städte der Terraferma und auf den Inseln bezahlen mussten. Bis zu den Eroberungen der Osmanen war es für die Venezianer sehr einfach, Handel zu treiben, selbst wenn sie sich mit jemandem im Krieg befanden, gab es noch genügend Absatzmärkte für ihre Waren. Doch wenn sie sich im Krieg mit den Osmanen befanden, konnten sie schwerlich mit ihnen handeln. Die Einnahmen Kretas fielen aus, man musste Söldner anheuern und sie und die Flotte versorgen. Am Ende des 15. Jahrhunderts beliefen sich die Einnahmen der Republik Venedig auf geschätzte 1.145.580 Dukaten, davon 615.750 Dukaten aus Zöllen und dem Salzhandel, 329.830 Dukaten von den Städten der Terraferma und 200.000 Dukaten von den Inseln. Das gesamte Handelsvolumen belief sich auf eine viel größere Summe, der Doge Tommaso Mocenigo ließ 1423 berechnen, dass sich der Umsatz der Händler alleine für den Handel mit der Lombardei rund 2.000.000 Dukaten belief. Die Ausgaben beliefen sich auf etwa 550.000 Dukaten, diese wurden für den Unterhalt der Flotte, der Armee und des Arsenals und für die Bezahlung von Schulden, Zinsen und den Gehältern der Staatsangestellten ausgegeben.[30] [31] Es blieben also über 600.000 Dukaten pro Jahr über. Auch wenn also im Krieg um Kreta schon ein Großteil der der Einnahmen von den Inseln weggefallen sein dürfte und auch die Einnahmen durch die Zölle aufgrund der Entdeckung neuer Handelswege zurückgegangen sein dürften, musste Venedig immer noch stattliche Einnahmen machen. Doch der Unterhalt von 1.000 Söldnern für ein Jahr kostete bereits 60.000 Dukaten. Insgesamt gab Venedig geschätzte 4.253.000 Dukaten für die Verteidigung Kretas aus. [32] Daher war der Krieg insgesamt eine sehr starke Belastung für die Staatskasse der Republik. Wie die Friedenspartei im Senat der Stadt anmerkte, sei der

---

[30] Brown, Horatio: The venetian Republic, London 1902, S. 104 - 105.
[31] Lane, Frederic Chapin: Venice. A Maritime Republic, Baltimore 1973, S. 237.
[32] Miller, William: Essays on the Latin Orient, Cambridge 1921, S. 196.

Krieg für die Republik nicht wünschenswert. Kreta habe schon immer mehr Kosten verursacht als es Einnahmen gebracht hätte, außerdem traf der Ausfall des Handels die Venezianer sehr stark. [33]

Schon vor dem Krieg gab es Stimmen, die sich für einen Verkaufs Kretas aussprachen, da es mehr kostete als es abwarf. 1621 gab es aus Zöllen, Verpachtungen, Mieten und Steuern rund 96.000 Dukaten Einnahmen, während man auf der anderen Seite etwa 240.000 Dukaten für Kreta ausgab. [34] So könnte man davon ausgehen, dass die Niederlage der Venezianer eigentlich ein Segen für sie war, sie konnten nämlich auch einige kleine Inseln vor Kreta als Marinestützpunkte behalten. [35] Doch der Verlust Kretas als letzte große Besitzung der Republik in Mittelmeer sollte das Prestige Venedigs irreparabel beschädigen.

6. Fazit

25 Jahre hatte Venedig gegen einen übermächtigen Gegner gekämpft und musste am Ende seine Niederlage eingestehen. Trotz einiger Erfolge konnte Venedig den Krieg nicht ewig weiterführen. Zwar war der Krieg um Kreta auch für das Osmanische Reich eine Belastung, doch konnte es auf viel größere Reserven zurückgreifen. Die Republik Venedig konnte ihren Niedergang nicht aufhalten, doch zumindest konnte sie ihn verdecken. In der ganzen Christenheit wurde die Belagerung Candias als glorreicher Kampf zwischen Christen und Moslems angesehen. 1685 konnte Venedig zum letzten Mal erfolgreich gegen die Osmanen vorgehen und die Morea erobern. Sie ging 1715 wieder an die Ottomanen verloren. Von nun an gab es keine Kriege mehr zwischen der Republik und dem Osmanischen Reich und das Stato da Mar bestand nur noch aus Corfu, Dalmatien und einigen kleinen Inseln. [36] Im Spanischen Erbfolgekrieg war Venedig zwar neutral, das kümmerte die Kriegsparteien aber wenig, sie marschierten durch die Terraferma und versorgten sich mit venezianischen

---

[33] Setton, Kenneth Meyer: Venice, Austria, and the Turks in the seventeenth century (Memoirs of the American Philosophical Society 192), Philadelphia 1991, S. 188 - 189.

[34] Karsten, Arne: Kleine Geschichte Venedigs, München 2008, S. 197.

[35] Verfasser unbekannt: Das lang bestrittene Königreich Candia, in: Ein dreyfacher Tractat von den Festungen, hg. Georg Rimpler, Dresden/Leipzig 1724, S. 87.

[36] Karsten, Arne: Kleine Geschichte Venedigs, München 2008, S. 212.

Erzeugnissen, und Venedig konnte nur protestieren.[37] Bis zu ihrem Untergang 1797 blieb Venedig zwar eine ziemlich wohlhabende Stadt, aber der Krieg um Kreta sollte ihren endgültigen Untergang einleiten. Die Staatsschulden stiegen von 8 Millionen auf 21 Millionen Dukaten. Zusätzlich geschah etwas unerhörtes: Es wurden neue Familien in den Adelsstand aufgenommen. Für 100.000 Dukaten durften sie sich in das Goldene Buch der Stadt Venedig eintragen und waren damit im großen Rat stimmberechtigt und konnten somit auch zum Dogen gewählt werden, freilich war dies bis zum Untergang der Republik nie der Fall.[38]

Insgesamt zeigte die Republik noch einmal einige der Tugenden mit der sie zum mächtigsten Staat des östlichen Mittelmeeres geworden war, doch obwohl sie alle ihre Anstrengungen auf das Halten Candias konzentrierte, musste diese Stadt letztendlich fallen. Daran trägt die Serenissima nicht alleine die Schuld, mit entschiedener Hilfe der anderen christlichen Staaten wäre das Halten Kretas sicherlich möglich gewesen. So aber war die Belagerung Candias nur einer der letzten gloriosen Höhepunkte in der Geschichte Venedigs.

7. Bibliographie

Quellen:

Han, Paul Conrad Balthasar: Das hefftig-bekriegte/ Noch unbesiegte / doch Hülff-benothigte Candia, Nürnberg 1669.

Scheither, Johann Bernhard: Novissima Praxis Militaris, Braunschweig 1672.

Verfasser unbekannt: Das lang bestrittene Königreich Candia, in: Ein dreyfacher Tractat von den Festungen, hg. Georg Rimpler, Dresden/Leipzig 1724.

Literatur:

Anderson, R.C: Naval Wars in the Levant 1559-1853, London 2006.

[37] Brown, Horatio, The Venetian Republic, London 1902, S. 170 - 171.
[38] Karsten, Arne: Kleine Geschichte Venedigs, München 2008, S. 199 - 202.

Bono, Salvatore: Piraten und Korsaren im Mittelmeer. Seekrieg, Handel und Sklaverei vom 16. bis 19. Jahrhundert, Stuttgart 2009.

Brown, Horatio: The venetian Republic, London 1902.

Chambers, David Sanderson: The imperial age of Venice, London 1970.

Crowley, Roger: Entscheidung im Mittelmeer. Europas Seekrieg gegen das Osmanische Reich 1521 – 1580. Stuttgart 2009.

Finlay, George: The history of Greece under Othoman and Venetian Domination, London 1856.

Hellmann, Manfred: Grundzüge der Geschichte Venedigs, Darmstadt ³1989.

Karsten, Arne: Kleine Geschichte Venedigs, München 2008.

Kretschmayr, Heinrich: Geschichte von Venedig, Band Eins: Gotha 1905, Band Zwei: Gotha 1920, Band Drei: Stuttgart 1934.

Kinross, John Patrick Douglas Balfour: The Ottoman Centuries. The Rise and Fall of the Turkish Empire, New York 1979.

Koder, Johannes: Kreta, Artikel in: Lexikon des Mittelalters, Band 5, hg. von Bautier, Robert-Henri/u.a, München/Zürich 1991, Sp. 1487 – 1488.

Lane, Frederic Chapin: Venice. A Maritime Republic, Baltimore 1973.

Miller, William: Essays on the Latin Orient, Cambridge 1921.

Murphey, Rhoads: Ottoman Warfare, 1500-1700, New Brunswick 1999.

Norwich, John Julius: A history of Venice, London ²2003.

Ortalli, Gherardo: Venedig. Stadtgeschichte, Artikel in: Lexikon des Mittelalters, Band 8, hg. von Angermann, Norbert/u.a, München 1997, Sp. 1459 -1466.

Roesch, Gerhard: Geschichte einer Seerepublik, Stuttgart 2000.

Setton, Kenneth Meyer: Venice, Austria, and the Turks in the seventeenth century (Memoirs of the American Philosophical Society 192), Philadelphia 1991.

Shaw, Stanford: Empire of the Gazis. The Rise and Decline of the Ottoman Empire. 1280 – 1808, Cambridge 1978.

Tietze, Andreas: Osmanen. Osmanisches Reich, Artikel in: Lexikon des Mittelalters, Band 6, hg. von Angermann, Norbert/u.a, München 1993, Sp. 1496 – 1507.

Turnbull, Stephen: The Ottoman Empire 1326-1699, New Brunswick 2003.

Zorzi, Alvise: Venedig. die Geschichte der Löwenrepublik, Düsseldorf 1985